GEOGRAFIA

ELIAN ALABI LUCCI
ANSELMO LAZARO BRANCO

CADERNO DE ATIVIDADES

NOME: _____ TURMA: _____

ESCOLA: _____

São Paulo – 1ª edição – 2018

Direção geral: Guilherme Luz
Direção editorial: Luiz Tonolli e Renata Mascarenhas
Gestão de projeto editorial: Tatiany Renó
Gestão e coordenação de área: Wagner Nicaretta (ger.) e Brunna Paulussi (coord.)
Edição: Simone de Souza Poiani
Gerência de produção editorial: Ricardo de Gan Braga
Planejamento e controle de produção: Paula Godo, Roseli Said e Marcos Toledo
Revisão: Hélia de Jesus Gonsaga (ger.), Kátia Scaff Marques (coord.), Rosângela Muricy (coord.), Ana Paula C. Malfa, Brenda T. M. Morais, Célia Carvalho, Flavia S. Vênezio, Larissa Vazquez e Patrícia Travanca
Arte: Daniela Amaral (ger.), Claudio Faustino (coord.), Felipe Consales (edição de arte)
Diagramação: MRS Editorial
Iconografia: Sílvio Kligin (ger.), Denise Durand Kremer (coord.), Iron Montovanello e Evelyn Torrecilla (pesquisa iconográfica)
Licenciamento de conteúdos de terceiros: Thiago Fontana (coord.), Luciana Sposito e Angra Marques (licenciamento de textos), Erika Ramires, Luciana Pedrosa Bierbauer, Luciana Cardoso e Claudia Rodrigues (analistas adm.)
Tratamento de imagem: Cesar Wolf e Fernanda Crevin
Ilustrações: Ilustra Cartoon
Design: Gláucia Correa Koller (ger.), Erika Tiemi Yamauchi Asato (capa e proj. gráfico) e Talita Guedes da Silva (capa)

Todos os direitos reservados por Saraiva Educação S.A.
Avenida das Nações Unidas, 7221, 1º andar, Setor A –
Espaço 2 – Pinheiros – SP – CEP 05425-902
SAC 0800 011 7875
www.editorasaraiva.com.br

2021
Código da obra CL 800649
CAE 628063 (AL) / 628064 (PR)
1ª edição
8ª impressão

Impressão e acabamento: Gráfica Eskenazi

Uma publicação

Apresentação

Este é o seu Caderno de Atividades.

Nele, você vai encontrar mais desafios para ajudar a ampliar seus conhecimentos e os conteúdos tratados no livro.

Bom trabalho e vamos lá!

SUMÁRIO

UNIDADE 1
Conviver - Os grupos 5
- Sozinho ou em grupo 5
- Os grupos são diferentes 6
- Conviver é importante 8

UNIDADE 2
A colaboração e o respeito às diferenças 10
- A colaboração nos grupos 10
- Lidando com os conflitos 11

UNIDADE 3
Os bairros 12
- Os bairros têm história 12
- Diferentes tipos de bairro 14
- Pontos de referência nos bairros .. 15

UNIDADE 4
Os espaços públicos e as propriedades particulares ... 17
- Os espaços públicos dos bairros ... 17
- As propriedades particulares dos bairros 18

UNIDADE 5
Os serviços públicos 20
- A importância dos serviços públicos 20
- Água encanada 21
- Rede de esgotos 22

UNIDADE 6
O trabalho 23
- O trabalho e as profissões 23

UNIDADE 7
O trabalho na cidade e no campo 25
- Na cidade ou no campo? 25
- O trabalho e os recursos da natureza 27

UNIDADE 8
As paisagens 29
- Diferentes paisagens 29
- As transformações das paisagens .. 30

UNIDADE 9
O ambiente 31
- O ser humano e o ambiente 31

Conviver - Os grupos

Sozinho ou em grupo

1 O trecho da letra da canção a seguir fala de um grupo muito especial: o dos amigos. Leia-o e, depois, faça o que se pede.

É meu é seu é nosso
[...]
Eu sou seu
você é meu
e a gente é nosso
adivinha o que é que é?

Amigos do peito
Sempre aí,
Pro que der e vier

Uma coisa boa
Fica melhor
Quando a gente está com um amigo

Qualquer perigo
a gente dá um jeito
Quando tem um amigo do peito

E quando vem um baixo-astral...
Desses que a gente fica meio mal...
Jururu... jururu...

Nada como ter um amigo leal
Pra gente desencanar
E ficar legal
[...]

ZISKIND, Hélio. **É meu é seu é nosso**. Disponível em: <www.helioziskind.com.br>. Acesso em: maio 2018.

a) Em sua opinião, o que significa a expressão "amigos do peito"? Você tem um amigo ou uma amiga do peito? Qual é o nome dele ou dela?

b) Sublinhe os versos da canção que mostram que é bom ter amigos.

c) Você acha importante ter amigos? Por quê?

Os grupos são diferentes

2 Você viu que fazemos parte de diferentes grupos de pessoas. Assinale com **X** os grupos de que você faz parte.

- ☐ grupo familiar
- ☐ grupo da vizinhança onde moro
- ☐ grupo da escola
- ☐ grupo de estudos musicais
- ☐ grupo religioso
- ☐ grupo de amigos

a) Escolha um dos grupos que você assinalou e escreva o nome de três pessoas que também fazem parte dele. Indique quem elas são.

_____

_____

b) Agora, faça colagens ou desenhos para representar as atividades que vocês costumam fazer juntos.

3 Observe as fotografias.

Baile "Melhor Idade" no município de São Paulo, no estado de São Paulo, em 2016.

Crianças quilombolas jogam bola no município de Araruama, no estado do Rio de Janeiro, em 2015.

- Que grupos de pessoas estão retratados? Onde eles estão? O que estão fazendo?

Fotografia 1: ....

....

Fotografia 2: ....

....

4 No Brasil, o Dia do Amigo é comemorado no dia 20 de julho. No espaço abaixo, você pode:

a) escrever uma mensagem para o seu melhor amigo ou amiga dizendo quanto é bom ser amigo dele ou dela;

b) fazer desenhos ou colar fotografias de vocês.

Conviver é importante

5 Todas as crianças, independentemente de cor, sexo, língua, religião, têm direitos. Observe as ilustrações a seguir.

a) Agora, escreva o número da ilustração que corresponde a cada direito das crianças.

☐ Todas as crianças devem ter seus direitos assegurados, sem distinção ou discriminação por motivo de raça, cor, sexo, língua, religião, origem, nascimento ou qualquer outra condição, quer sua ou de sua família.

☐ As crianças com deficiência ou limitações físicas ou mentais têm o direito de receber o tratamento, a educação e os cuidados necessários exigidos pela sua condição.

☐ Desde o nascimento, todas as crianças têm direito a um nome e a uma nacionalidade.

☐ Todas as crianças têm direito a alimentação saudável e equilibrada, que contribua para seu desenvolvimento.

☐ Todas as crianças têm direito a saúde e a receber cuidados médicos.

☐ Todas as crianças têm direito a educação e a cultura.

b) No lugar onde você mora, algum dos direitos das crianças acima não é respeitado?

_____

_____

_____

c) E qual direito das crianças é respeitado?

_____

_____

_____

UNIDADE 2

A colaboração e o respeito às diferenças

A colaboração nos grupos

1 Observe as fotografias a seguir.

As velejadoras Martine Grael e Kahena Kunze participam de competição nos Jogos Olímpicos de 2016, realizados no município do Rio de Janeiro, no estado do Rio de Janeiro.

Equipe de remadores no Estádio de Remo da Lagoa, no município do Rio de Janeiro, no estado do Rio de Janeiro, em 2015.

- Agora, responda: Em sua opinião, além dos treinos, dos cuidados com o corpo e dos objetivos em comum, o que os esportes retratados nas fotografias exigem dos atletas?

....

....

Lidando com os conflitos

2 Observe as ilustrações a seguir.

- Agora, complete as frases a seguir, indicando o número da ilustração.

    a) Na ilustração _____, o conflito poderia ser resolvido se as crianças formassem fila e aguardassem sua vez de tomar água. Afinal, todos estão com sede.

    b) Na ilustração _____, o menino mais alto poderia mudar de lugar para facilitar a visão dos colegas mais baixos.

    c) Na ilustração _____, as crianças poderiam resolver o problema formando times e estabelecendo um tempo para cada um brincar com a bola.

    d) Na ilustração _____, meninos e meninas organizaram uma partida de futebol para que todos pudessem participar do jogo.

Os bairros

Os bairros têm história

1 O texto a seguir fala sobre a importância das praças. Leia-o e, depois, faça o que se pede.

Crianças brincam de patinete na praça Buenos Aires, no município de São Paulo, no estado de São Paulo, em 1961.

[...]
Quando crianças, a praça para nós representava um espaço imenso onde brincávamos com relativa segurança e geralmente ensaiávamos os primeiros tombos de bicicleta, patins, patinete, até domarmos os brinquedos com a ajuda conivente dos pais. [...]

Os mais velhos tinham e ainda têm uma relação de descanso e boas lembranças com a praça. Enfim, só percebemos o nosso caso de amor com a praça quando paramos para pensar nela.

Mas, será que é só isso que uma praça significa para nós, citadinos? Não, definitivamente não, pois a praça sempre será um espaço de lazer e socialização em qualquer lugar do planeta. [...]

FERREIRA, Cesar Cunha. **Santos:** atlas escolar histórico e geográfico. São Paulo: Noovha América, 2007. p. 53.

a) Sublinhe no texto o trecho em que o autor destaca o significado especial de uma praça para os moradores de uma cidade ou de um bairro.

b) Por que a praça foi um espaço importante na infância do autor do texto?

_____

_____

_____

c) No bairro onde você mora ou no bairro vizinho há alguma praça? Qual é o nome dela? Ela está bem conservada? O que você acha que poderia ser feito para melhorá-la?

_____

_____

_____

d) Faça um desenho da praça que você mencionou ou, se possível, cole uma fotografia dela.

Diferentes tipos de bairro

2 Todos os dias, você percorre as ruas de um ou mais bairros para chegar à escola onde estuda. Observe o que há nesse trajeto e responda às questões.

a) Qual é o nome do bairro onde fica a sua escola?

....

....

b) Faça uma pesquisa para descobrir o nome de dois bairros vizinhos ao bairro da escola.

....

....

c) No bairro da sua escola há mais residências ou pontos de comércio? Há fábricas? Ou é uma área de mata, com plantações e sítios?

....

....

d) As construções, ruas, praças e outros elementos do bairro da sua escola são bem conservados? Como as pessoas cuidam do bairro?

....

....

e) Em sua opinião, o que o bairro da escola deveria ter para ser melhor?

....

....

Pontos de referência nos bairros

3 A representação abaixo mostra parte do bairro onde moram Clara e Bruno. Observe-a e, depois, responda às questões.

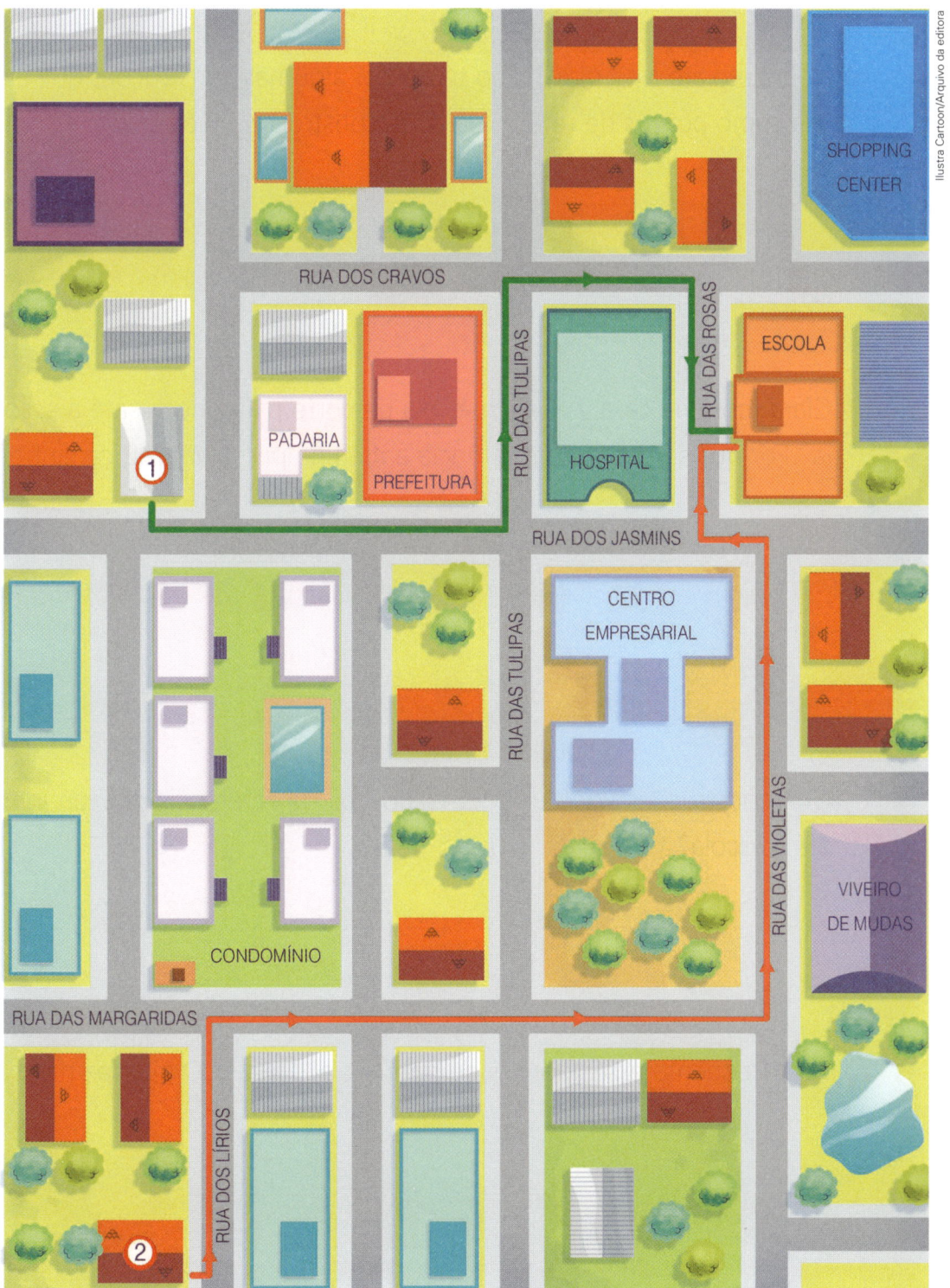

a) Bruno mora na casa 1. Que ruas ele percorre para chegar até a escola?

b) No trajeto até a escola, Bruno passa por algumas construções que ele usa como pontos de referência. Que construções são essas?

c) Clara mora na casa 2. Que ruas ela percorre para chegar até a escola? Por quais pontos de referência a menina passa em seu caminho?

d) Que construções você usa como pontos de referência no caminho até a escola?

e) Você frequenta esses pontos de referência? Quais? O que faz neles?

Os espaços públicos e as propriedades particulares

Os espaços públicos dos bairros

1 Faça **X** nas ilustrações que representam espaços públicos.

As propriedades particulares dos bairros

2 Observe a representação dos arredores da escola de André e faça o que se pede.

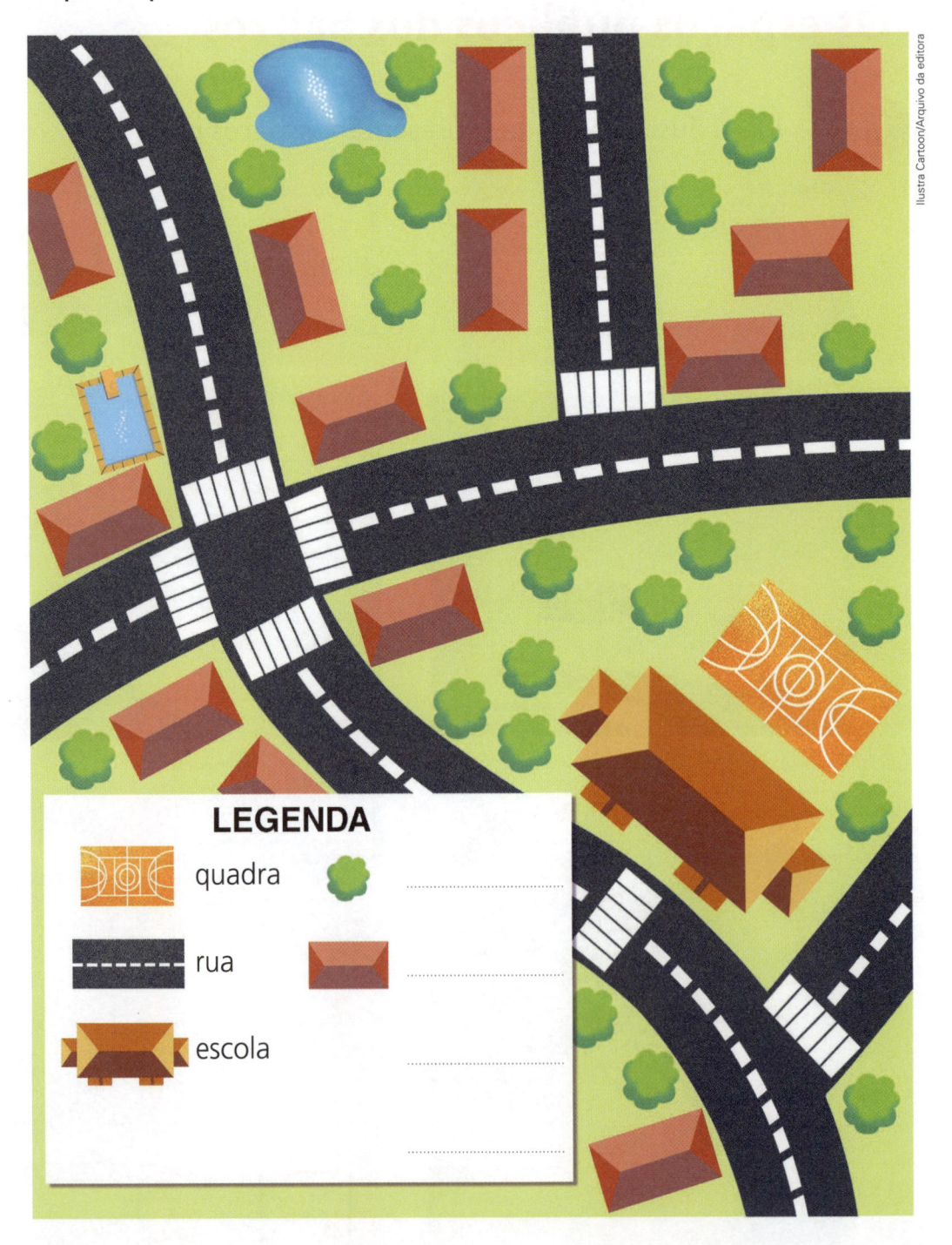

LEGENDA
- quadra
- rua
- escola

a) Complete as linhas da legenda para identificar os elementos representados.

b) Na legenda, crie símbolos para indicar outros elementos que você observa na representação. Ao lado de cada símbolo, escreva o que ele significa.

c) Agora, responda: A representação (planta) foi feita de cima para baixo (visão vertical) ou de cima e de lado (visão oblíqua)?

....

....

....

3 Leia a lista abaixo. Depois, escreva **EP** para espaço público e **PP** para propriedade particular.

- ☐ loja de brinquedos
- ☐ prefeitura
- ☐ delegacia de polícia
- ☐ perfumaria
- ☐ confeitaria
- ☐ pronto-socorro estadual
- ☐ *shopping center*
- ☐ pizzaria
- ☐ jardim zoológico municipal
- ☐ hospital municipal
- ☐ padaria
- ☐ posto de gasolina
- ☐ oficina mecânica
- ☐ praça
- ☐ posto de saúde
- ☐ biblioteca municipal

4 Na lista da atividade 3, sublinhe de **vermelho** o que existe no bairro onde você mora.

UNIDADE 5

Os serviços públicos

A importância dos serviços públicos

1 Leia a seguir a relação de alguns serviços públicos.

a) transporte público

b) manutenção de canteiros

c) sinalização das ruas

d) energia elétrica

■ Agora, relacione cada foto abaixo a um dos serviços públicos listados acima. Escreva a letra do item.

Água encanada

2 É dever dos governantes oferecer à população água apropriada ao consumo, mas também é dever da população não desperdiçar e não poluir a água. Observe as cenas e escreva a atitude correta em cada caso.

a) Lavar a calçada utilizando balde de água e vassoura, e não com a mangueira.

b) Fechar a torneira ao ensaboar as mãos.

c) Não demorar no banho.

d) Lavar o carro com balde de água, e não com a mangueira.

Rede de esgotos

3 Observe a fotografia e responda às questões.

Rua no município de Teresina, no estado do Piauí, em 2015.

a) Além do asfalto e das calçadas, o que mais falta na rua retratada na fotografia?

_____

_____

_____

b) Em sua opinião, o que pode acontecer com as crianças e os adultos que moram nessa rua ou passam por ela?

_____

_____

_____

O trabalho

O trabalho e as profissões

1 O trabalho faz parte da vida das pessoas e também inspira muitos artistas. Observe a pintura a seguir.

Colheita de uva IV, de Jerci Maccari, 2009 (acrílica sobre tela, de 70 cm × 60 cm).

a) Onde estão as pessoas representadas na pintura? O que elas estão fazendo?

_____

_____

b) Qual é a profissão dessas pessoas?

_____

_____

2 Encontre e circule no diagrama os nomes de algumas profissões.

D	C	T	B	N	O	Ç	O	R	P
F	A	R	Q	U	I	T	E	T	A
E	N	G	E	N	H	E	I	R	A
C	T	G	N	H	J	M	N	L	K
O	O	B	S	P	F	N	V	C	E
N	R	A	W	R	Q	N	X	D	S
O	A	D	V	O	G	A	D	A	P
M	V	B	M	F	N	P	O	H	O
I	J	I	M	E	N	D	U	W	R
S	G	H	L	S	Ç	P	T	Q	T
T	H	A	M	S	S	D	O	D	I
A	A	I	N	O	E	F	R	S	S
O	B	B	N	R	D	F	A	W	T
J	O	R	N	A	L	I	S	T	A
W	M	S	F	N	E	U	M	W	I
R	B	R	E	S	D	F	T	N	M
S	E	P	G	R	F	G	W	E	N
C	I	E	N	T	I	S	T	A	M
Q	R	A	O	B	G	T	Y	E	M
R	A	T	M	N	I	Y	U	Ç	P

3 Quais dessas profissões existem no lugar onde você vive?

....

....

UNIDADE 7

O trabalho na cidade e no campo

Na cidade ou no campo?

1 Antes de chegar aos postos de combustíveis e de ser vendido para abastecer os veículos, o etanol (álcool combustível) é produzido graças ao trabalho de muitas pessoas do campo e da cidade. Observe as fotografias e faça o que se pede.

Plantio mecanizado de cana-de-açúcar no município de São Simão, no estado de Goiás, em 2014.

Colheita mecanizada de cana-de-açúcar no município de Planalto, no estado de São Paulo, em 2016.

Treminhão (caminhão com dois ou mais reboques) usado no transporte de cana-de-açúcar no município de Messias, no estado de Alagoas, em 2015.

Usina de álcool no município de Guariba, no estado de São Paulo, em 2015.

Caminhão-tanque transporta etanol no município de Jacareí, no estado de São Paulo, em 2018.

Posto de combustíveis no município de São Paulo, no estado de São Paulo, em 2017.

a) Onde ocorrem as atividades retratadas na página 25? Escreva **U** para espaço **urbano** ou **R** para espaço **rural**.

☐ Plantio da cana-de-açúcar.

☐ Colheita da cana-de-açúcar.

☐ Transporte da cana para a usina.

☐ Processamento da cana na usina.

☐ Transporte do etanol.

☐ Venda do etanol em postos de combustíveis.

b) Quais fotografias retratam atividades que elaboram produtos?

_____

_____

c) Quais fotografias retratam atividades que não elaboram produtos?

_____

_____

d) Quais fotografias retratam a utilização direta de recursos da natureza? Que recursos são esses?

O trabalho e os recursos da natureza

2 Leia o texto a seguir e, depois, faça o que se pede.

> O esgoto doméstico é composto por toda a água e resíduos que ela carrega pelos encanamentos de casas, escritórios e estabelecimentos comerciais. Ou seja, pode-se dizer que é todo o lixo que produzimos utilizando a água, que desce por todas as pias e vasos sanitários, além do chuveiro e ralos espalhados pela casa. A água da chuva que corre pelas calçadas e sarjetas também se mistura nas redes de esgoto.
>
> Mas para onde vai todo esse esgoto? Infelizmente, a maior parte dele não é tratada e acaba sendo depositada em rios e mares. [...]
>
> O tratamento do esgoto doméstico é muito importante para a preservação do meio ambiente. O esgoto contamina rios, lagos, represas e mares porque possui excesso de sedimentos e microrganismos que podem causar doenças, como a esquistossomose, leptospirose, cólera [...].
>
> Disponível em: <www.pensamentoverde.com.br>.
> Acesso em: maio 2018.

a) Sublinhe de **azul** o trecho do texto que explica como é formado o esgoto doméstico.

b) Para onde vai o esgoto doméstico?

c) Responda: Por que é necessário tratar o esgoto?

d) Qual é o principal recurso da natureza afetado pelo esgoto?

3 Observe a charge abaixo, considerando as ideias do texto que você leu na página 27.

ARIONAURO. Disponível em: <www.arionaurocartuns.com.br>. Acesso em: jun. 2018.

a) Que mensagem essa charge transmite?

b) Você já viu uma cena como essa no lugar onde vive? Explique.

UNIDADE 8

As paisagens

Diferentes paisagens

1 Observe as fotografias e, depois, faça o que se pede.

Enseada de Botafogo, no município do Rio de Janeiro, no estado do Rio de Janeiro, em 1906.

Enseada de Botafogo, no município do Rio de Janeiro, em 2017.

a) Qual é o nome do local fotografado? Em que ano cada fotografia foi tirada?

b) Compare as duas fotografias. O que mudou e o que permaneceu na paisagem retratada?

c) Anote os elementos criados pelo ser humano que aparecem na fotografia 1 e os elementos naturais que você vê na fotografia 2.

As transformações das paisagens

2 Observe as fotografias a seguir.

Paisagens do município de Casa Nova, no estado da Bahia: à esquerda, em abril de 2015; à direita, em outubro de 2015.

Ponte Hercílio Luz, no município de Florianópolis, no estado de Santa Catarina: à esquerda, em cartão-postal de 1922-1926; à direita, em fotografia de 2017.

a) O que provocou as mudanças nas paisagens retratadas nas fotografias 1 e 2? Explique.

b) O que provocou as mudanças observadas nas paisagens retratadas no cartão-postal 3 e na fotografia 4? Explique.

UNIDADE 9

O ambiente

O ser humano e o ambiente

1 Observe as fotografias a seguir.

Indústria de celulose e papel no município de Jacareí, no estado de São Paulo, em 2017.

Praia no município do Rio de Janeiro, no estado do Rio de Janeiro, em 2016.

Painéis de divulgação publicitária no município de Araguari, no estado de Minas Gerais, em 2015.

Despejo de esgoto no rio dos Cachorros, no município do Rio de Janeiro, no estado do Rio de Janeiro, em 2016.

a) Que tipo de poluição e de agentes poluidores as fotografias mostram?

_____

_____

_____

_____

b) Alguma das fotografias se parece com paisagens do lugar onde você mora? Qual? Quais são as semelhanças?

_____

_____

_____

_____

2 Considere a relação entre o ser humano e o ambiente e escreva **C** para as frases corretas e **E** para as frases erradas.

a) ☐ O ser humano atua na superfície terrestre, mas nunca a modifica.

b) ☐ Por meio do trabalho, o ser humano transforma as paisagens terrestres de acordo com as suas necessidades.

c) ☐ Na natureza, todos os elementos interagem entre si e dependem uns dos outros.

d) ☐ O ambiente é formado apenas pelos seres vivos.

e) ☐ Os seres vivos, o ar, a água, o solo e a luz do Sol (além de outros elementos naturais) e os elementos construídos pelo ser humano, bem como as relações entre eles, formam o ambiente.

f) ☐ As modificações feitas pelo ser humano no ambiente nunca causam prejuízos aos seres vivos.